AF267788

RAPPORT

PRÉSENTÉ A LA COMMISSION

PAR

M. LE BARON DE NERVO

SON TRÉSORIER

RECEVEUR GÉNÉRAL DES FINANCES

DU DÉPARTEMENT DE L'ARIÉGE

FOIX

IMPRIMERIE ET LIBRAIRIE DE POMIÉS FRERES.

— 1855 —

SOUSCRIPTION POUR L'ARMÉE D'ORIENT

RAPPORT

PRÉSENTÉ A LA COMMISSION

Messieurs,

Devant un auditoire aussi choisi, je devrais craindre assurément toute mon insuffisance; mais vous oublierez celui qui parle, pour ne songer qu'au sujet qui l'anime, et j'espère mériter ainsi, pendant quelques instants, votre bienveillant intérêt.

En ma qualité de Trésorier de votre Commission , j'ai été chargé , Messieurs, de centraliser toutes les souscriptions offertes à l'armée d'O-rient, par les communes du département. Cette tâche m'a été rendue facile, et par le concours empressé de MM. les Présidents des Comités d'arrondissement, et par celui de MM. les Maires de canton, et par le zèle de toutes les personnes qui ont voulu participer à cette œuvre. La Commission leur offrira, sans doute, ici, les remerciements les plus sincères.

La recette totale des sommes centralisées s'est élevée, jusqu'à ce jour, à six mille neuf cent sept francs 40 centimes (6,907 fr. 40 c.). Les noms de toutes les communes qui ont souscrit, et ceux de tous les souscripteurs ont été publiés, et les sommes partielles afférentes à chacune de ces communes, sont indiquées dans l'état général que j'ai dressé.

L'emploi des sommes recouvrées a été fait de la manière suivante : des mandats émis par mes soins ont été remis à M. le Préfet, et ce magistrat s'est chargé de les verser au bureau central du ministère de la guerre qui en recouvrera le montant au trésor ; je joins au dossier l'état de ces mandats, revêtu de l'acquit de M. le Préfet.

Toutes ces pièces comptables et toutes les listes de souscription à l'appui, étant déposées sur votre bureau, je demanderai à la Commission de vouloir bien , après en avoir reconnu l'exactitude , me donner décharge de cette gestion, et je la prierai d'accepter mes remerciements pour la marque de confiance dont elle m'a honoré.

Tels sont, Messieurs, les résultats de la souscription organisée dans notre département. Ailleurs, ces résultats ont pu être plus importants, chez nous ils sont en rapport avec notre pauvreté ; mais , grâce à Dieu, *la pauvreté n'atteint pas le cœur*, et, s'il est vrai qu'en toutes choses , l'intention mérite surtout d'être appréciée , disons-le avec joie, notre souscription ne le cède à nulle autre ; car la pensée qui l'a dictée et accomplie, en a déjà centuplé la valeur.

L'Ariége, si petit qu'il est, a ses priviléges aussi. Dans tous les temps de son histoire, il a donné librement, généreusement, tout ce qu'il pouvait donner, plus peut-être ; et s'il m'était permis de vous présenter ici le tableau de tous ses dévouements, vous verriez avec moi, Messieurs, que, pauvre d'argent, l'Ariége possède. d'autres richesses dont il sait être prodigue, lorsqu'un grand intérêt ou une grande affection les lui demande.

Le demi-siècle que nous venons de parcourir suffira à cette appréciation :

De 1800 à 1815, alors que, contre l'Europe coalisée, il fallait des hommes et du fer, l'Ariége fidèle à cette devise, donnait à l'armée douze généraux et un maréchal de France : les généraux Espert Jean, Espert Pierre, Espert Marc, Micas, Saint-Paul, Latour, Viviés, Léra, Lasserre, Bribes, Sarrut, Lafitte et l'illustre maréchal Clauzel.

De 1815 à 1848, pendant ces 33 années de paix, l'Ariége ouvrait ses routes, développait son industrie et s'associait libéralement à tous les grands événements du pays.

Après 1848, après l'essai de toutes ces théories stériles dont l'anarchie n'était que la dernière expression, l'Ariége répondait, le 21 décembre 1851, à l'appel de Louis-Napoléon Bonaparte, par 54,000 voix, et lui confiait un pouvoir que le 2 décembre avait profondément affermi dans ses mains.

En 1852, et pour achever l'œuvre, 66,000 suffrages ariégeois décernaient la couronne impériale à celui qui déjà l'avait conquise et méritée ; à celui dont le peuple entier légitimait ainsi et restaurait la dynastie.

Au peuple seul, il appartient en effet, Messieurs, de faire revivre la mémoire de ceux qu'une grande gloire, une mort illustre, un trait de bravoure, ou un bon souvenir, ont rendus chers au pays :

Dès les temps les plus reculés, dans les chansons du peuple, dans ses ballades, dans ses légendes, on retrouve ce mystérieux instinct.

Dûes à la naïveté des impressions primitives, ces légendes étaieut comme une vaste galerie, dans laquelle venaient paraître, à leur tour, les grandes figures de chaque époque ; c'était la véritable et la meilleure histoire du peuple, celle qu'il écrivait avec son cœur :

C'est ainsi que, dans un pays voisin, fût composée par tous, — car chacun y apporta sa strophe, — cette célèbre histoire du guerrier connu sous le nom du CID, qui, s'il n'a pas existé, est la personnification la plus populaire de la valeur nationale : c'est ainsi que, dans notre France, se sont perpétués dans les chansons du peuple, et les aventures de Roland, et le souvenir du beau Dunois, qui avant de partir pour la guerre, s'en venait prier Marie de bénir ses exploits, et celui du bon Henri IV, dont on connaît le triple talent, et tant d'autres que je ne voudrais citer ici.

Mais, ce qui grave dans les sympathies et le respect des peuples des souvenirs ineffaçables, c'est la gloire lorsqu'elle est épurée par le martyre : alors, Messieurs, l'immortalité lui est assurée, et c'est la main du peuple lui-même, qui, tôt ou tard, la décerne à qui l'a méritée.

Voyez Jeanne d'Arc :

Longtemps après son odieux supplice, (elle fut brûlée vive sur un bucher [1]) et alors qu'elle allait être oubliée, — qui vint réhabiliter sa mémoire ? Qui vint raconter sa candeur, sa chasteté, sa vertu ? Qui vint révéler son courage et sa douceur, sa grandeur et sa simplicité ? Ce fut le peuple ; ce furent les bonnes gens d'Orléans, qui l'avaient vue combattre et pardonner aux vaincus ; ce furent les saints prêtres qui l'avaient vue prier et pleurer aux pieds des autels. Ni l'ingrat Charles VII, ñi les hommes de cour, n'osèrent parler pour la fille du peuple; le soldat seul parla, le peuple seul parla, le peuple seul restaura et consacra cet héroïque dévouement; — et sa mémoire est immortelle !

Un autre exemple, le plus vivant et le plus majestueux entre tous, de la puissance magique exercée par une grande gloire réunie à une grande infortune; — des souvenirs que conserve le peuple aux douleurs de l'exil et de la captivité; — de la vie nouvelle et de la consécration qu'il sait donner à une dynastie, au temps marqué, vient de s'accomplir sous nos yeux, Messieurs. Cet exemple résume, en une seule page, la phase la plus saisissante de notre histoire contemporaine.

Ah! si autrefois la guerre de Troie, les aventures d'Ulysse et le fabuleux voyage d'Enée, ont été si admirablement chantés; quels accents, n'eût pas inspiré à de tels poëtes la vie de notre héros! mais, à défaut d'un Homère, c'est la France elle-même qui se charge de l'immortaliser, et c'est elle, Messieurs, qui me dicte aujourd'hui les derniers chants de cette grande épopée.

Il y aura bientôt 40 ans, vers la fin d'octobre, après une traversée de soixante et dix jours, un vaisseau touchait au rivage : à son aspect, un mouvement inaccoutumé s'était fait, des soldats avaient pris les armes, et un grand concours de peuple avait bordé la plage.

Quelques instants après, un homme descendait du navire ; sa démarche était assurée, comme celle que donne l'habitude du commandement; son regard était fier, son air calme ; un nuage semblait obscurcir son front ; sous son manteau, on apercevait un costume militaire, — il portait une épée.

Cet homme s'appelait NAPOLÉON; cette île était SAINTE-HÉLÈNE.

Comment le captif était amené en ces lieux ? C'est ce que mes lèvres ne diront point.... je laisse à l'histoire ce triste soin.

Après les premiers jours, le captif était conduit à l'habitation qu'il devait occuper ; cette habitation composée de quelques pièces était délabrée. À cette vue, celui qui avait connu les splendeurs du Louvre, ne ressentit point d'émotion : il apportait avec lui de quoi remplir les lieux les plus vides.

Dès le lendemain, sur sa cheminée étaient le buste en marbre du roi de Rome, son fils ; à droite, le portrait de cet enfant, à cheval sur un mouton, peint par Isabey ; à gauche le portrait de l'Impératrice ; la grosse montre d'argent du grand Frédéric, prise à Postdam, était suspendue à un clou, et l'épée d'Austerlitz à un autre.

C'est dans cette chambre, au milieu de ces tendres souvenirs, que le captif passait ses longues heures à penser à la France.

L'air, le soleil, le mouvement lui étaient nécessaires, il pût à peine en jouir avec liberté ; sa vie devint alors plus renfermée, et comme César, il touvait dans la dictée de ses mémoires un noble emploi du temps.

Cette histoire de toutes ses pensées, de ses plus grandes actions, de tous ses jugements sur les hommes et sur les choses de son époque, était devenue pour ses insomnies l'occupation la plus attachante, comme elle est pour nous l'enseignement le plus profond.

Cinq années s'écoulèrent de la sorte, jusqu'au moment où tant de misères finirent par développer en lui le mal dont il ressentit les les premières atteintes le 20 mars 1821.

Ce mal fit des progrès rapides et, bientôt, le captif sentit arriver ses derniers jours :

Le 15 avril, il écrivit son testament, n'y oublia aucun de ceux qui l'avaient servi et aimé, et il demanda son aumônier :

« Je veux remplir, lui dit-il, les devoirs qu'impose la religion et recevoir les sacrements qu'elle administre. » Ce pieux devoir accompli, il appela autour de son lit tous ses serviteurs et il leur dit: « Vous « allez bientôt revoir en France les uns vos parents, les autres vos

« amis; moi, je vais retrouver mes braves au ciel; Oui, Kléber,
« Desaix, Bessières, Duroc, Ney, Murat, Masséna, Berthier, viendront
« à ma rencontre; nous reparlerons de ce que nous avons fait ensem-
« ble, et en me revoyant, ils deviendront tous fous d'enthousiasme et
« de gloire! » Bientôt après, le 5 mai, à onze heures du matin, il
expirait!

On entendit encore, dans le délire de l'agonie, ces dernières paroles
s'échapper de sa bouche : la France ! mon armée !

Ces paroles, recueillies par le peuple, demeurèrent dans sa mémoire;
il ne les oublia point.

Napoléon avait écrit dans son testament, ces mots : « Je désire que
« mes restes reposent sur les bords de la Seine et au milieu de ce
« peuple français que j'ai tant aimé ! »

Il restait à la France à accomplir ce dernier vœu : Longtemps Sainte-
Hélène conserva cette auguste dépouille; enfin, par un accord qui
témoigna de la générosité d'une ancienne rivale, les cendres de
l'Empereur dûrent être rendues à son peuple :

Une flottille, commandée par un prince, alla les chercher à Sainte-
Hélène.

Le 18 octobre 1840, la frégate la *Belle-Poule*, chargée de ce pré-
cieux dépôt, mettait à la voile pour la France.

A voir, sur sa dunette, ce catafalque recouvert d'un drap de velours
violet, semé d'abeilles d'or et brodé aux aigles impériales, ces flam-
beaux d'argent dans lesquels des cierges brûlaient et les prêtres qui
priaient; chacun des nombreux navires, qu'on rencontra dans la traversée, dût être saisi de ce spectacle aussi majestueux qu'inaccoutumé.

Le 30 novembre la flottille arrivait à Cherbourg et, de cette ville au
Hâvre, les bords de la Manche ne pouvaient contenir la foule accourue
pour revoir son Empereur :

Du Hâvre à Paris, sur les deux bords de la Seine, une double haie de femmes, d'enfants, tout le peuple enfin était là, dès la nuit, attendant avec anxiété le passage du convoi.

Le 15 décembre, Napoléon passait sous l'Arc-de-Triomphe-de-l'Etoile, où il reconnut les noms de ses braves, et suivi de tous ces vieux soldats dont l'uniforme n'avait point reparu depuis 25 ans, il arrivait aux Invalides porté sur les bras des matelots de la *Belle-Poule* :

A son entrée dans la basilique, j'y étais, — Messieurs, — un frisson passa dans tous les corps, et plus d'un visage, ceux de Moncey, de Soult, de Bertrand, furent sillonnés de larmes :

En ce moment, au milieu de cette assemblée, où figuraient un roi, des princes, tous les hauts dignitaires de l'Etat et tout ce que la France comptait d'illustre et de grand.... lui seul était grand, Messieurs !

Il en est, qui racontent avoir senti tressaillir sous leurs pieds les vieux soldats dans leurs tombeaux ; — il en est qui disent avoir vu frémir les vieux drapeaux appendus à la voute du temple ; — il en est qui disent avoir vu l'ombre de Turenne se soulever pour saluer un héros !

Ces grandes impressions, recueuillies par le peuple, demeurèrent dans sa mémoire : il ne les oublia point.

Huit ans après, vers le commencement de 1848, une tempête éclatait sur la France, la main du pilote manquait au gouvernail : vainement plusieurs essayèrent de faire face à l'orage, ils échouèrent ; et le vaisseau, peut-être, allait périr lorsque le peuple se souvint d'Austerlitz et de Sainte-Hélène et remit aux mains, que vous savez, le salut de tous :

Comment, et par quelles voies mystérieuses ce peuple fût-il conduit, Messieurs, à faire revivre ainsi, dans sa descendance, cette grande destinée ? C'est qu'il était ce même peuple qui, dans ses veillées, avait chanté la vieille gloire avec Béranger ; — l'avait racontée et apprise aux enfants du pays. — Ce même peuple qui avait suivi Bonaparte à Montenote, à Lodi, à Arcole, aux Pyramides, à Marengo. — Ce même peuple qui avait vu Napoléon rappeler les proscrits, promul-

guer le concordat, dicter les Codes, fonder l'ordre civil et l'admi-
nistration de la France : — Ce même peuple qui avait combattu avec
lui, à Austerlitz, à Iéna, à Friedland ; avait élevé de ses mains la
colonne de la Grande-Armée et vu luire les flammes de Moscou :
le même qui, avec lui, avait défendu, pied à pied, le sol de la Patrie
à Champaubert, à Montereau, à Montmirail, à Waterloo. — Le même
qui avait pleuré avec lui aux adieux de Fontainebleau, souffert avec
lui à Sainte-Hélène, assisté à ses derniers instants, accompli ses derniers vœux, et déposé ses cendres dans leur dernier sépulcre !

C'est avec le prestige de semblables souvenirs, Messieurs, que les
peuples restaurent les dynasties et que leurs arrêts sont immuables ; ils
sont la voix de Dieu !

Mais, je m'apperçois que je me suis laissé entraîner bien loin de
mon sujet : je vous parlais, je crois, Messieurs, de la part de dévoûment qu'avait pris l'Ariége à cette grande restauration ; et maintenant,
c'est encore un dévoûment, d'une autre nature il est vrai, (mais ils
sont tous frères,) qui va me ramener auprès de vous.

Dans les premiers mois de 1854, la disette avait, tout-à-coup,
paru parmi nous ; à ses premiers cris, et sous le patronage tuté-
laire de l'autorité, des Commissions de secours étaient spontanément
organisées dans toutes nos communes, et toutes les misères étaient
adoucies. Plus tard, et comme s'il eût été écrit, que cette année
fatale ne dût être qu'une longue calamité ; un fléau terrible, le
choléra, s'abattait sur notre malheureux pays, frappait partout et
ne comptait plus ses victimes. Dans ces lamentables épreuves, l'A-
riége donnait encore tout ce qu'il pouvait, tout ce qu'il devait donner de courage, d'abnégation et de charité.

Nous sommes arrivés à 1855, brisés, appauvris par tant de sacrifices et de malheurs, lorsque soudain, l'Empereur vient demander au
pays les moyens de soutenir la puissance de ses armes ; à cette

voix, l'Ariége sent renaître ses forces et, jaloux de l'honneur de la France, il souscrit au deuxième emprunt national pour une somme que nul assurément n'eut osé soupçonner ; car cette somme s'est élevée à un million deux cent mille francs.

Je vous parlais tout à l'heure, Messieurs, de la pauvreté de l'Ariége ; vous le voyez, lorsqu'il s'agit de la patrie, son dévouement est inépuisable.

Je termine ce tableau, par un dernier trait : le mois dernier, l'hiver sévissait avec des rigueurs inusitées. La pensée de tous se porte instinctivement vers nos frères d'Orient, qui doivent souffrir, et soudain, comme par un mouvement électrique, se répand dans toutes nos montagnes, dans toute la France, une tendre émotion.

Telle une mère, qui a vu partir un de ses enfants pour quelque lointaine entreprise : Entourée de ceux qui lui restent, toutes ses pensées, toute sa sollicitude, tout son amour sont pour celui qui s'éloigne ; les dangers de la traversée, l'arrivée dans un pays inconnu, la difficulté de l'entreprise, le froid, la neige, le vent, la pluie, tout la préoccupe et l'agite : c'est dans le sein de cette famille, c'est autour du foyer, où une place reste vide, que s'épanchent toutes ses inquiétudes et, si l'hiver a trop de rigueurs, c'est de là qu'on envoie au fils absent les réserves de l'épargne.

Cet absent, Messieurs, vous le connaissez : — cette tendre mère c'est la France, — cette famille inquiète c'est nous tous, — cette modeste épargne c'est notre souscription : Jugez à présent si elle devait réussir ! — Un autre sentiment bien plus puissant encore, s'il est possible, assurait son succès.

Quel est-il donc, ce sentiment si fécond, si vivace et si pur, qui touche ainsi tous les cœurs et ouvre toutes les bourses ? vous l'avez nommé d'avance, Messieurs, c'est l'amour du pays !

C'est lui qui, transmis de génération en génération, arme tous les bras, inspire toutes les grandes actions, dédommage de toutes les fatigues, de toutes les privations, de tous les sacrifices, tient lieu de toutes les récompenses.

C'est lui qui, dans les tristesses de l'hôpital, les horreurs du champ de bataille et les agonies du naufrage, est, avec Dieu, la dernière pensée et la dernière consolation de ceux qui souffrent et qui meurent!

C'est lui, ce sentiment, qui transporte la patrie, partout où flotte le drapeau! Voyez-vous dans ces parages inhospitaliers de la mer Noire ces vaisseaux qui se débattent contre la fureur des vents? dans chacun d'eux, on pense au pays, on parle du pays! Voyez-vous sur ces terrains accidentés qui environnent la ville de Sébastopol ces innombrables tentes, à demi-ensevelies dans la neige? sous chacune d'elles, le soir, après avoir battu l'ennemi, on pense au pays, on parle du pays! là, nos villes, nos villages, nos hameaux, nos parents et nos noms, sont connus de chacun! là, tous songent avec attendrissement au jour où le matelot, monté sur la vergue du navire, criera le premier: France, France! — Alors, notre armée d'Orient, chargée de gloire, aura revu le pays et toutes les peines seront oubliées!

Noble sentiment qui réunit ainsi dans une même pensée tous les membres épars d'une même famille! Heureux jour que celui où nous pourrons enfin retrouver nos frères, presser leurs fidèles mains, écouter le récit de leurs victoires et jouir avec eux des prospérités de la paix!

Après les lauriers de la victoire, Messieurs, reparaissent les emblêmes de la paix : car, il faut le dire, dans l'équilibre de nos sociétés modernes, la guerre ne peut être qu'un glorieux accident; et l'ambition des conquêtes, si puissante qu'elle soit, doit venir expirer, comme elle expire aujourd'hui, devant la solidarité des intérêts communs.

Aujourd'hui d'autres ambitions nous inspirent et d'autres conquêtes sont à faire.

Lorsque nous aurons achevé de rendre la vie à ce corps épuisé par tant de troubles intérieurs ; lorsque nous aurons cicatrisé toutes les blessures faites par les révolutions, à la morale, à la religion et à la loi ; lorsque nous aurons enfin brisé les idoles, chassé du temple les vendeurs et restauré les vrais Dieux : nous voudrons encore, Messieurs, imprimer à nos industries un essor indéfini, multiplier les conditions de travail et d'aisance, évoquer pour nos arts le souvenir des Médicis, élever le niveau de l'intelligence et féconder la vertu.

Telles sont les conquêtes de la paix : celles-là ne sont point soumises aux inconstances de la fortune ; celles-là ne coûtent ni larmes, ni sang ; celles-là sont dignes aussi de sérieux efforts. Nous poursuivrons ces nobles conquêtes, Messieurs, et nous les accomplirons : car nous sommes tous les soldats de cette grande armée dévouée au progrès de l'humanité et notre chef est un prince qui a compris la hauteur de sa mission.

Après avoir planté nos aigles sur les remparts de Sébastopol, sa main victorieuse, Messieurs, nous distribuera les fruits de la paix !

Foix, le 18 mars 1855.

LE TRÉSORIER DÉ LA COMMISSION,

RECEVEUR GÉNÉRAL DE L'ARIÉGE,

Baron DE NERVO.

La lecture de ce rapport a été accueillie par les plus vifs applaudissements, et la Commission a voté des remerciements à son Bureau et à tous les Souscripteurs.

FOIX, IMPRIMERIE DE POMIÉS FRÈRES.